같이 하는 게 좋아요

지은이: 셸리 애드몬트
삽화: 소날 고얄, 수밋 사쿠자

www.kidkiddos.com
Copyright©2014 by S.A.Publishing ©2017 by KidKiddos Books Ltd.
support@kidkiddos.com

All rights reserved. No part of this book may be reproduced in any form or by any electronic or mechanical means, including information storage and retrieval systems, without written permission from the publisher or author, except in the case of a reviewer, who may quote brief passages embodied in critical articles or in a review.

모든 권한을 보유합니다.
Second edition, 2019

Translated from English by Tay Bake
옮김 백태은

Library and Archives Canada Cataloguing in Publication
I Love to Share (Korean Edition)/ Shelley Admont
ISBN: 978-1-5259-1784-4 paperback
ISBN: 978-1-77268-650-0 hardcover

내가 가장 사랑하는 사람들에게

"새 장난감들이 얼마나 많은지 봐," 작은 토끼 지미가 방을 둘러보며 말했어요.

지미의 생일 파티가 끝나고 난 후 방은 선물들로 가득 차 있었어요.

"와, 생일 파티 정말 재미있었어, 지미," 작은 형이 말했어요.

"우리 어서 놀자," 큰 형이 가장 큰 상자를 가져오며 말했어요. "엄청 큰 기차가 들어있어!"

갑자기, 지미가 펄쩍 뛰며 상자를 잡았어요. "만지지마! 이건 내 기차야!" 지미가 소리쳤어요. "이 선물들은 다 내 꺼야!"

"하지만, 지미," 큰 형이 말했어요, "우린 항상 같이 놀았었잖아. 안 그래?"

"오늘은 내 생일이잖아. 그리고 이 장난감들도 모두 다 나한테 준거라구," 지미가 큰 소리로 말했어요.

"우리는 나가서 농구나 하는 게 좋겠다," 큰 형이 창 밖을 내다보며 말했어요. "오늘 날씨가 무척 화창하고 좋은 걸."

두 토끼 형들은 공을 가지고 바깥으로 나갔어요. 지미는 방 안에 혼자 남게 되었어요.

"야호!" 지미가 외쳤어요. "이제 장난감들은 모두 다 내 꺼야! 내 마음대로 가지고 놀 수 있어!"

지미는 큰 상자 하나를 가지고 와서 기쁜 마음으로 열어보았어요. 상자 안에는 기찻길과 함께 색이 예쁘게 칠해진 새 기차 하나가 놓여있었어요. 그저 기찻길들을 하나로 붙이기만 하면 될 것 같았어요.

"이런, 조각들이 너무 작잖아!" 지미가 기찻길 조각들을 만지며 말했어요. "이걸 어떻게 연결하지?"

기찻길을 겨우겨우 만들어 봤지만, 모양이 이상했어요. 알록달록한 새 기차를 기찻길 위에 올려놓자, 기차는 그만 걸려서 움직이지 않았어요.

지미는 고개를 돌려 다른 상자를 찾아 보았어요.

"괜찮아. 난 새 장난감들이 아직 많은 걸," 다른 선물 하나를 가져오며 지미가 말했어요. 상자 안에는 슈퍼히어로 장난감이 들어 있었어요.

"우와!" 지미가 외쳤어요. 새 슈퍼히어로 장난감을 손에 들고 지미는 방 안을 뛰어다니기 시작했어요.

하지만 곧 지치고 지루해져 버렸어요. 모든 놀이가 다 그랬어요. 지미가 가장 좋아하는 곰인형 하고도 놀아 보고, 또 선물들을 다 열어 보기도 했지만, 하나도 재밌지가 않았어요.

지미는 창문으로 형들이 즐겁게 농구하고 있는 모습을 바라보았어요. 눈부신 햇살 아래서, 형들은 웃고 떠들며 신나게 놀고 있었어요.

"어떻게 저렇게 재밌게 놀 수 있지? 농구공 하나만 가지고 말야!" 지미가 말했어요. "장난감들은 다 내가 가지고 있는데."

그 때 지미에게 낯선 목소리가 들렸어요.

"같이 하기 때문이지," 그 목소리가 말했어요.

지미가 방 안을 둘러보니, 침대 위에 곰인형이 앉아 있는 게 보였어요. 목소리는 그 쪽에서 들려오고 있었어요.
"뭐라고?" 지미가 속삭이듯 물어보았어요.

"같이 하기 때문이지." 미소를 지으며 테디 베어가 다시 말했어요.

지미는 놀란 모습이었어요. 왜냐하면 같이 하는 게 재미있다고 생각하지 못했기 때문이에요.

지미는 고개를 저었어요. "아니야…나는 같이 하는 게 싫어. 난 내 장난감들이 너무 좋단 말야."

"한 번 해봐," 곰인형이 끈질기게 말했어요. "그냥 한 번만 해봐."

갑자기 날씨가 흐려졌어요. 시커먼 구름들이 하늘을 덮고 빗방울이 하나 둘 땅에 떨어지기 시작했어요.

깔깔 웃으며, 두 토끼 형들이 집안으로 뛰어 들어왔어요.

"오 이런, 다 젖었구나," 엄마가 말했어요. "어서 가서 옷을 갈아입고 오렴. 따뜻한 핫초코 를 만들어 줄게."

"지미야, 이리 오렴, 너도 핫초코 먹을래?" 엄마가 물었어요. 지미는 고개를 끄덕였어요.

엄마가 우유를 꺼내려고 냉장고를 열었어요. "이거 봐, 네 생일 파티에서 남은 케이크가 한 조각 있네."

지미는 뛸 듯이 기뻤어요. "정말요, 제가 먹어도 되요? 그 케이크 정말 맛있었어요!"

그 때, 형들이 주방으로 들어왔어요.

"방금 케이크라고 했니?" 둘째 형이 물었어요.

"나도 한 조각 먹고 싶은데." 큰 형도 말했어요.

이어서 아빠도 들어왔어요. "혹시…생일 케이크가 남아있니?"

엄마가 슬며시 웃었어요. "이런…매우 작은 조각 하나밖에 안 남았는데. 어떡하지."

지미는 사랑하는 가족들을 보며 가슴 속에서 무언가 따뜻한 것을 느꼈어요. 지미는 기분이 좋아지는 방법을 알 것만 같았어요.

"우리 같이 먹어요," 지미가 말했어요. "케익을 다섯 조각으로 나누면 되잖아요."

토끼 가족들은 모두 고개를 끄덕였어요. 그리고 식탁에 둘러 앉아 각자 생일 케이크 한 조각과 핫쵸코 한 컵씩을 맛있게 먹었어요.

지미는 가족들의 행복한 얼굴을 바라보며
생각했어요. 같이 하는 건 무척 멋진 일이었구나.

음식을 다 먹자, 엄마가 지미에게 다가와 지미를
꼭 껴안아 주었어요. "생일 축하한다, 아가야,"
엄마가 말했어요.

두 형과 아빠도 와서 가족끼리 모두 껴안게 되었어요.

"생일 축하해, 지미," 가족들은 한 목소리로 외쳤어요.

"형들 우리 장난감 같이 가지고 놀래?" 지미가 웃으며 물었어요. "나 새 기차랑 슈퍼히어로도 있어."

"야호! 그래 좋아!" 형 토끼 들이 소리쳤어요.

지미와 형들은 함께 멋진 기찻길을 만들었어요.
기차는 칙칙폭폭 소리를 내며 기찻길 위를 신나게

그리고 나서는 선물 상자들을 다 열어서 장난감들을
모두 가지고 놀았어요.

그 날 이후로 쭉, 지미는 같이 하는 걸 좋아했어요.
심지어 같이 하는 게 재미있다고도 했답니다.

www.ingramcontent.com/pod-product-compliance
Lightning Source LLC
Chambersburg PA
CBHW061136070526
44584CB00033B/4340